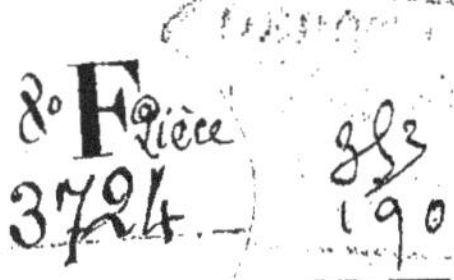

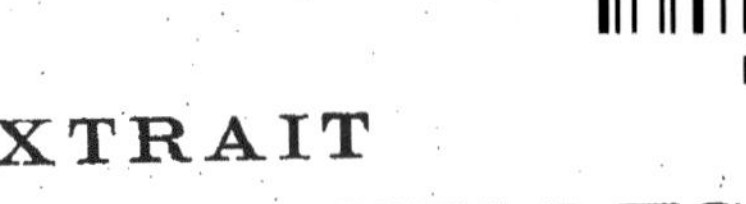

EXTRAIT
DES LOIS NOUVELLES
REVUE BI-MENSUELLE DE LÉGISLATION ET DE JURISPRUDENCE
Emile SCHAFFHAUSER, Directeur

LA QUESTION DU CADASTRE ET DES HYPOTHÈQUES

PAR

Marcelin BOUISSOU
Juge d'Instruction
au Tribunal de la Seine.

Jules ARNAULT
Inspecteur
de l'Enregistrement.

Prix : 1 fr. 50

PARIS
Aux Bureaux des LOIS NOUVELLES
31 bis, Faubourg-Montmartre, 31 bis
1904

PUBLICATIONS DE M. ARNAULT

Cadastre du Livre Foncier

Brochure in-octavo, 1891.
LIBRAIRIE MARCHAL-BILLARD, 27, place Dauphine.

PRIX : **1 franc.**

La Réforme hypothécaire au Sénat et à la Commission du cadastre

Extrait du journal « *La Loi* » des 25-26-28 et 29 juillet 1897.
Chez V. GIARD et E. BRIÈRE, 16, RUE SOUFFLOT.

PRIX : **1 fr. 50**

La Réalisation immédiate de la réforme foncière

Extrait de la « *Revue Politique et Parlementaire* ».
LIBRAIRIE MARESCQ, Aîné
A. CHEVALIER-MARESCQ et Cie, ÉDITEURS
20, rue Soufflot

PRIX : **0 fr. 60**

LA QUESTION DU CADASTRE ET DES HYPOTHÈQUES

EXTRAIT
DES LOIS NOUVELLES
REVUE BI-MENSUELLE DE LÉGISLATION ET DE JURISPRUDENCE
Emile SCHAFFHAUSER, DIRECTEUR

LA QUESTION DU CADASTRE ET DES HYPOTHÈQUES

PAR

Marcelin BOUISSOU
Juge d'Instruction
au Tribunal de la Seine.

Jules ARNAULT
Inspecteur
de l'Enregistrement.

Prix : 1 fr. 50

PARIS
Aux Bureaux des LOIS NOUVELLES
31 bis, rue du Faubourg-Montmartre, 31 bis

1904

LA QUESTION DU CADASTRE ET DES HYPOTHÈQUES

On sait quelles vives controverses, depuis nombre d'années, a soulevées et soulève encore la question, dont l'urgence ne saurait être déniée, de la réfection de notre cadastre. Cette question ainsi que celui du régime hypothécaire qui s'y trouve actuellement liée, paraissant devoir entrer à bref délai dans une phase toute nouvelle, grâce à l'initiative et aux efforts d'hommes compétents et dévoués qui s'en sont tout spécialement occupés, il a paru utile aux *Lois Nouvelles* de publier sur ce point l'intéressant travail d'un spécialiste, M. Arnault, qui solutionne la difficulté d'une façon aussi neuve que pratique. Nous publions également et en tête du travail dont s'agit, un bref commentaire dû à la plume de M. Bouissou, juge d'instruction au tribunal de la Seine, lequel s'étant particulièrement intéressé aux recherches de M. Arnault, a bien voulu se charger de présenter son travail à nos lecteurs.

I

Voilà treize ans bientôt que, par décret ministériel du 30 mai 1891 a été instituée la Commission du cadastre. Malgré le recul de cette date — à une époque où l'on oublie vite — les espérances, suscitées dans tous les mondes, par le projet de renouvellement du cadastre et de la réforme hypothécaire, furent si vives que le temps n'a pas suffi pour les dissiper. Combien en effet était large et fécond le programme d'études assigné aux membres de cette commission !

Dans l'exposé du motifs du budget de 1891 — § § 26 et 27 — M. Rouvier définit, en ces termes, le caractère et la portée de ce programme :
« Le cadastre perpétué à l'aide d'un système permanent de conserva-
« tion, ne serait pas seulement un instrument fiscal et administratif ;
« il devrait satisfaire à d'autres besoins. Des abornements généraux et
« une triangulation rigoureuse précèderaient le renouvellement des
« opérations ; le cadastre constituerait la base de la propriété fon-
« cière ; il assurerait la sécurité des hypothèques et la régularité des

« transactions immobilières ; il fournirait enfin à l'agriculture, par le « développement des institutions de crédit, les moyens d'action qui lui « font défaut aujourd'hui, En un mot, il deviendrait le Grand Livre « terrier de la France. » Voilà le but à atteindre, la tâche à remplir. Qu'a-t-on fait pour y parvenir ?

Appelés à donner corps à cette vaste conception, les commissaires se mirent au travail avec une ardeur que les années d'études parvinrent seules à refroidir chez quelques-uns. Ils réunirent, dans six gros volumes publiés jusqu'à ce jour, une foule de renseignements du plus haut intérêt. La question a été envisagée, discutée sous toutes ses faces : au point de vue juridique, technique, financier. Grâce à cette accumulation de richesses documentaires, on possède à cette heure, semble-t-il, l'ensemble des matériaux nécessaires à la construction de ce grand œuvre.

Il s'agit maintenant de le dégager des spéculations qui se sont produites, séduisantes souvent, quelquefois décevantes aussi, et de l'établir sur le roc solide de la réalité. Ici, se pose un point d'interrogation. L'architecte ne va-t-il pas se trouver aux prises avec d'imprévues difficultés de plusieurs ordres, qui ajourneront à une époque lointaine, pour ne pas dire indéfinie, le couronnement de l'édifice ?

Telle est la crainte que manifeste M. Jules Arnault dans l'intéressante communication que précèdent ces lignes. Il signale, en passant, une objection qu'il présente comme un petit côté de la question. A nos yeux, étant donné surtout l'état actuel de nos finances, elle revêt une importance considérable ; car, si l'on n'y prend garde, elle pourrait bien être la pierre d'achoppement contre laquelle viendront se briser les efforts continus des initiateurs de l'entreprise. D'après les calculs de la sous-commission technique, la réfection du cadastre, considérée comme devant constituer les premières assises de la réforme, nécessitera une dépense d'environ 600 millions. Ce n'est qu'après cette somme employée au bornage, à la triangulation, au lever et rapport des plans, etc., que l'établissement des livres fonciers pourra enfin être abordé. Combien de temps nécessitera la mise à jour de ces livres fonciers ? Il est facile de l'entrevoir. Point n'est besoin d'être prophète, pour être certain que durant de longues années encore sera posée sur les travaux de la commission l'enseigne du barbier de Séville. Les premières constatations, consignées sur le registre, seront déjà vieillies, lorsque l'on arrivera aux dernières. De là, des retouches et des vérifications sans fin, qui rappelleront la tapisserie de Pénélope.

Dans sa brochure, M. Jules Arnault préconise un système, exempt de tout aléa, assure-t-il, d'une grande simplicité pratique et dont le moindre mérite serait de ne pas alarmer les esprits novateurs par les nombreux millions qu'aligne, sans sourciller, la commision du cadastre. Au lieu d'ajourner, à une date indéfiniment reculée, la péréquation de l'impôt foncier, depuis si longtemps réclamée par l'opinion publique ; au lieu de subordonner à des opérations cadastrales, difficiles, prolongées et coûteuses, la création du grand livre terrier de la République et de mettre ainsi en péril le succès de la réforme de la législation hypothécaire, il propose de nous doter, sans frais, en quelques semaines, des bienfaits, dont on s'était plu à orner le berceau de la commission du cadastre.

A son avis, l'erreur fondamentale de cette dernière serait — qu'on nous permette l'expression trop familière — d'avoir voulu faire marcher la charrue avant les bœufs. Elle a posé, comme pierre angulaire de son édifice, le principe de la force probante accordée au livre foncier ; par suite, elle a été conduite à assujettir l'établissement de ce livre au lever préalable d'un plan général de toutes les propriétés de France. Elle ne s'est pas aperçue que, loin d'être la clef de voûte de la réforme hypothécaire, le livre foncier doit en être la simple préface, le préliminaire obligé. Cette méprise a eu pour conséquence de soulever de nombreuses difficultés qui, jusqu'ici, ont paru insolubles. Elles tiennent à la situation créée par la législation actuelle qui place les propriétés immobilières sous le régime de la publicité personnelle. Le lecteur s'en rendra compte à la lecture du travail que nous signalons.

Pour M. Jules Arnault, au contraire, ce n'est pas le cadastre qu'il est urgent en premier lieu, de refaire. Sans se préoccuper du titre du propriétaire, ce qu'il importe avant tout, c'est de créer le livre foncier : innovation, somme toute, assez facile à réaliser, avec les renseignements dont disposent les branches diverses de nos administrations et qui permettront, dans un laps de temps fort court, d'établir, dans toute la France, par commune, un livre foncier, où chaque héritage aura un compte ouvert et sera individualisé. Rien de plus élémentaire ensuite que d'opérer le rapprochement de cet héritage avec son propriétaire, à l'aide des moyens rapides et certains qu'il nous fait connaître. Une fois le livre foncier établi par la mention en marge de chaque immatriculation des hypothèques frappant l'immeuble et déjà inscrites, le conservateur sera à même, au fur et à mesure des mutations successives, de tenir à jour la comptabilité de cet immeuble par la figuration, en des colonnes spéciales, de son débit et de son crédit. Dès ce moment, il sera en état, sous sa responsabilité, de fournir aux intéressés un relevé de compte reproduisant, avec exactitude, l'historique précis de l'héritage avec chacune des charges qui le grève.

Il va sans dire que cette comptabilité sera soigneusement tenue, en partie double : l'une, pour la répartition de l'impôt ; l'autre concernant la situation juridique des propriétés immobilières. La première restera entre les mains des agents du fisc ; la seconde au bureau des hypothèques. Par la communication des actes, le conservateur sera mis au courant des déclarations de successions, des jugements de séparation de biens, de divorce, d'interdiction, etc. ; en un mot, de tous faits de nature à exercer une influence quelconque sur le droit de propriété. En de brèves et claires mentions analytiques, il consignera chacun de ces faits, sans qu'il soit besoin d'y faire figurer la transcription intégrale exigée par l'article 2181 Code civil. Cette substitution opérée par des écritures complètes, exactes et précises sur l'état civil des personnes et des propriétés sera l'acheminement naturel vers la rénovation qu'il s'agit d'accomplir, car le livre foncier sera devenu une réalité. Quant à la force probante elle viendra plus tard par le seul fait du fonctionnement régulier du nouvel état des choses.

Le Livre foncier, établi de la sorte, aurait ce premier mérite d'être sorti du domaine théorique et d'affecter une forme tangible. Sans doute, il ne serait pas, dès sa venue dans le monde, le merveilleux instrument qu'a voulu créer la commission du cadastre ; du premier coup, il ne possédera pas la valeur d'un titre de propriété, opposable à toute espèce de revendications ; en un mot, il ne sera pas investi de de la force probante. Mais l'existence d'un Livre foncier et les avantages qu'il peut procurer ne sont pas nécessairement subordonnés à l'immédiate réunion en soi de tous les attributs désirables. Il les acquerra graduellement, sans qu'il faille le condamner d'une manière indéfinie à ne pas se produire, sous prétexte que, dès la première heure, il n'aurait pas atteint la perfection. Le point essentiel est de lui donner la vie, de le laisser se développer au grand jour. Après, *l'Italia se fara da se* ; comme un jeune enfant, ses premiers pas seront peut-être incertains : mais sa marche ne tardera pas à devenir chaque jour plus assurée et, au fur et à mesure, il recueillera sur son passage des connaissances expérimentales dont l'avenir tirera le plus grand profit. Ainsi sera ménagée la transition nécessaire, en vue de la rénovation à opérer dans une matière particulièrement délicate.

Le problème posé à la commission du cadastre est aussi étendu que complexe. Il comporte un certain nombre de solutions différentes et distinctes les unes des autres. Il faut donc les sérier, sans les amalgamer dans un bloc — puisque le mot a fait fortune — dont toutes les parties seraient indivisibles. On cherche à tirer du Livre foncier trop de choses à la fois. La prudence commande de procéder par étapes successives. A chaque jour sa peine. Ce serait déjà un progrès considérable si l'établissement d'un livre, tel que le présente dans ses grandes lignes M. Jules Arnault, nous acheminait à la réforme hypothécaire, assurant à l'agriculture, par la sécurité des hypothèques, des moyens de crédit qui lui font défaut aujourd'hui et paralysent son essor naturel. De l'aveu de tous, le régime actuel est l'un des plus défectueux qui soit au monde, avec ses hypothèques générales et occultes. Est-il nécessaire, pour le modifier, de faire une dépense de frais topographiques, dont le montant, suivant les évaluations données par M. Piat dans son remarquable *Rapport sur les opérations cadastrales*, s'élèverait à deux ou trois milliards ? Il est évident qu'avec une comptabilité foncière, soigneusement tenue, faisant connaître avec netteté, certitude et rapidité la situation juridique et les charges, l'avoir et le débit de chaque immeuble, le crédit terrien se trouvera raffermi, la crise agricole que nous traversons, sinon conjurée, tout au moins amoindrie. Pourquoi donc ne pas s'attacher d'abord à améliorer notre législation hypothécaire ? Qui trop embrasse, mal étreint. On ne peut pas, d'un coup de baguette magique, mobiliser le sol et, sans une accoutumance aux modifications progressives, d'une durée de temps plus ou moins prolongée, substituer un nouveau système de transmission de la propriété immobilière, au lieu et place d'un état de choses consacré par des traditions séculaires.

Nous nous bornerons ici à cet aperçu rapide de la question traitée par M. Jules Arnault, avec une conviction qui vous gagne, avec une simplicité dans l'exposé de son système et de son argumentation, qui fait deviner en lui un homme pratique et de sens rassis, dont l'entendement ne se complaît point à planer dans des abstractions et de vaines théories. Comme il le dit lui-même, il place sous les yeux du lecteur les pièces du procès, le laissant juge du différend entre le mode de procéder de la Commission du cadastre et le sien. Pour nous, spectateurs désintéressés dans ce débat, un seul point nous touche : celui d'aboutir. L'unique chose essentielle est de parvenir à une solution qu'intéresse si vivement le crédit des populations agricoles et qui assure, à la fois, une répartition plus équitable de l'impôt et un régime hypothécaire moins défectueux. Qu'importe le chemin ?

S'il fau en croire M. Jules Arnault, nous serions placés dans cette alternative : ou bien, on suivra la commission du cadastre dans ses errements, et alors c'est à l'impuissance, à l'avortement de la réforme que l'on aboutit, après de nombreuses années encore de piétinement sur place ; ou bien, à l'inverse, on consentira à expérimenter sa méthode, et, dans ce cas, le succès de la réforme est assuré, à brève échéance, pour ainsi dire, sans bourse délier. Les données du problème ainsi posé, il n'est pas douteux que la seconde alternative rallierait tous les suffrages. Mais, sans oublier que, dans l'espèce, M. Jules Arnault peut, à bon droit, être suspecté d'être orfèvre, il est un fait positif : c'est l'énorme dépense que la mise à exécution du projet de la commission du cadastre doit entraîner, avec de nouveaux atermoiements. Lui, au contraire, propose de nous conduire, sans frais, à bref délai, vers le terme de la réforme.

Dans ces conditions, ne serait-il pas sage de faire éclairer la voie dans laquelle ce dernier veut nous engager à sa suite ? L'enjeu en vaut la peine. Quel risque à courir ? Aucun. Pourquoi ne pas le mettre en demeure d'exécuter son projet ? Quelle raison plausible de ne pas le placer au pied du mur ? Pourquoi ne pas lui assigner deux ou trois communes, situées dans des régions différentes et dont il sera chargé d'établir le livre foncier ? On jugera des mérites de l'œuvre à ses résultats. Sa conception n'est pas imaginaire ; elle a été consacrée par d'autres législations. D'ailleurs, sans apprécier, avant la lettre, le plus ou moins de mérite de sa méthode, on sait qu'il a derrière lui une carrière déjà longue dans l'administration de l'enregistrement. Ses fonctions l'ont mis à même d'étudier *in anima vili*, si l'on peut dire, les choses dont il nous entretient, le mécanisme des divers rouages administratifs et le parti qu'on en peut tirer. A tous les points de vue, par conséquent, il est désirable que son système soit mis à l'essai.

MARCELIN BOUISSOU,
Juge d'instruction au tribunal
de la Seine.

II

D'après la commission du cadastre, le Livre foncier devrait contenir la description rigoureusement exacte de l'immeuble, s'appuyer sur un plan qu'il serait nécessaire de refaire et, en outre, faire foi jusqu'à inscription de faux du titre du propriétaire, inscrit comme tel.

Ce s stème se heurte à une opposition très vive des officiers ministériels et en particulier des notaires qui, non sans quelque apparence de raison, déclarent que les populations n'accepteront pas de soumettre leurs acquisitions à la vérification préalable d'un agent de l'Etat.

Pour sortir des généralités, je vous demande la permission de préciser sous forme d'un dialogue ce qui se passe actuellement entre un acquéreur et le conservateur des hypothèques.

Sous le régime actuel, l'acquéreur dit au conservateur des hypothèques : « Voici un acte de vente qui m'a été consenti par un vendeur V, « moyennant 1000 francs. J'ai payé mon prix de vente au vendeur V « ou à ses créanciers. Si je ne l'ai pas payé, je le payerai. Je ne veux « plus que M. V. puisse vendre ou hypothéquer l'immeuble I. Veuil- « lez transcrire pour que les tiers soient informés de mes droits de « propriété sur l'immeuble I ». Le conservateur n'a qu'à obéir, sans discussion, à cette réquisition. La transcription est faite le jour même où elle est requise et la formalité ainsi accomplie, moyennant un salaire modique sur un registre sur papier libre, depuis la loi du 27 juillet 1900, produit des effets juridiques qui sont connus du paysan le plus illettré.

Le vendeur V sait qu'il ne peut plus vendre ni hypothéquer et l'acquéreur A sait que, si le vendeur V était réellement le propriétaire, la propriété de l'immeuble I lui est définitivement acquise, sauf à lui à remplir les formalités de purge et à découvrir tous les créanciers hypothécaires de l'immeuble I.

∴

Dans le système projeté par la commission du cadastre, les choses ne se passeront plus ainsi. Il y aura un livre qui fera connaître exactement le véritable propriétaire et qui révèlera toutes les hypothèques ; mais ce résultat ne pourra être obtenu qu'à la condition qu'au moment de chaque mutation, l'acquéreur fasse vérifier par le conservateur des hypothèques le titre de son acquisition. Si donc, un acquéreur A requiert le conservateur de transcrire un acte de vente, l'agent de l'Etat lui dira : « Je refuse de remplir la formalité et de vous assurer « le bénéfice de la publicité, tant que vous ne m'aurez pas justifié, en « remontant à 30 ans au moins, au moyen de partages, d'actes de « vente, d'inventaire, etc. etc., la qualité de propriétaire de votre « vendeur V sur l'immeuble I. »

∴

Toutes les personnes qui ont l'expérience des affaires savent quelle est la difficulté qu'il y a de justifier à un tiers, au Crédit foncier, par exemple, des droits absolus d'un propriétaire sur un immeuble. On comprendra donc l'émotion qui s'est emparée du notariat en présence d'un projet qui tend à renverser les bases de l'organisation actuellement très libérale de la propriété en France.

Le fonctionnaire de l'Etat n'intervient aujourd'hui en rien dans les conventions. Il joue le rôle d'un afficheur qui inscrit sur un immeuble I que V l'a vendu à A, mais il ne garantit pas que V ait été réellement le propriétaire, et par conséquent, ne dispense pas les tiers de vérifier le titre de A. Si sous le prétexte d'éviter plus tard à A la vérification de son titre, il soumet désormais ce titre à une vérification immédiate, il faut s'attendre à ce qu'il s'élève des protestations générales.

L'acquéreur A pourra, en effet, dire au conservateur :

« De quel droit vous immiscez-vous dans mes affaires ? J'ai, depuis « longtemps, confiance en V : c'est mon voisin. Il jouit paisiblement « depuis 15 ans de l'immeuble I. Je n'ai pas à vous dire comment il

« m'a justifié qu'il a acheté les droits de ses cohéritiers. Son père « jouissait de l'immeuble I depuis 20 ans. Tout ce que je vous demande « c'est de publier la vente pour consolider la propriété sur ma tête. « Vous me refusez sous prétexte d'une législation nouvelle, qui pré- « tend me protéger malgré moi. Je proteste contre cette nouvelle « législation, qui me met dans une situation périlleuse, puisqu'elle « m'empêche de rendre publique mon acquisition. »

***

Sans que j'y insiste, on comprendra les inconvénients du système de la commission du cadastre, qui présente cependant cet avantage d'admettre un acquéreur et, d'une manière générale, tout nouveau possesseur à faire vérifier son titre par le conservateur des hypothèques.

Cette possibilité peut être désirée dans beaucoup de cas par des acquéreurs ou de nouveaux possesseurs qui pourraient préférer remplacer des titres volumineux, imprécis, nombreux et discutables par un extrait du Livre foncier, revêtu du certificat du conservateur et constatant sous sa responsabilité, ou sous celle de l'Etat, que le propriétaire immatriculé comme tel est bien le propriétaire réel.

Puisqu'il en est ainsi, on est en droit de se demander pourquoi le Parlement ne laisserait pas les propriétaires, leurs créanciers ou leurs acquéreurs discuter librement à propos de chaque affaire le système auquel ils voudraient donner leur préférence.

Dans le système que je présente, le conservateur des hypothèques a un livre ouvert au public, tenu par commune et qui contient un compte ouvert à chaque propriété. A côté de ce livre foncier se trouve un livre où chaque propriétaire a son compte et qui est en référence avec le livre foncier. Une table alphabétique permet de retrouver le compte de chaque personne. Le conservateur a un exemplaire de la matrice cadastrale et en marge de l'inscription de chaque parcelle ou fraction de parcelle se trouve le numéro du Livre foncier sous lequel est consignée la propriété, unité juridique, que l'on peut appeler *héritage*, et qui, suivant les circonstances, se composera : de plusieurs parcelles ou fractions de parcelle, d'une seule parcelle, ou même d'une seule fraction de parcelle.

Il y a même des immeubles, qui ne correspondent à aucune surface géométrique déterminée, par exemple certaines servitudes, telle que des droits de passage, des nuits de fumature, des droits successifs immobiliers, etc.

Les immeubles immatriculés au Livre foncier le seraient avec ou sans force probante du titre du propriétaire apparent. Le Livre foncier révélerait toutes les inscriptions d'hypothèques, mais l'inscription du nom du propriétaire n'impliquerait pas *nécessairement* que ce propriétaire est le propriétaire réel.

Quand un nouveau possesseur A aurait justifié de la validité de son titre, le conservateur le certifierait et l'attesterait aux tiers. Dans le cas contraire, ce serait à ceux-ci, comme cela se pratique actuellement, à procéder à la vérification du titre du propriétaire.

Le système de la Commission du cadastre présente cet inconvénient grave que l'opinion publique, autant qu'on peut en juger par les diverses manifestations qui se sont produites, est hostile à l'institution des livres fonciers, malgré leur avantage évident. Il est bien certain que s'il existait un livre où, d'un seul coup d'œil, on pût se rendre compte de la situation d'un immeuble, sans avoir à requérir des états sur transcription, cela simplifierait beaucoup de procédures.

Les saisies immobilières, les ordres, les acquisitions, les obligations hypothécaires, en un mot toutes les transactions immobilières se feraient avec une grande facilité et il deviendrait très rare que la responsabilité des officiers ministériels fut engagée dans les affaires foncières.

Celles-ci deviendraient plus nombreuses, plus rapides et plus sûres.

En résumé, il paraît y avoir un malentendu sur cette question du Livre foncier.

La Commission du cadastre, d'un côté, a adopté un programme d'une réalisation impossible, en en subordonnant l'exécution à l'établissement d'un plan général qui ne pourra être utilement dressé que si on commence par faire le livre. D'un autre côté, les notaires protestent, avec raison, contre l'immixtion de l'Etat imposée dans les transactions immobilières. Cette immixtion serait d'autant moins justifiée que l'Etat aura difficilement un personnel suffisant pour donner la force probante à toutes les immatriculations du Livre foncier.

Enfin, et surtout, il ne faut pas perdre de vue que la force probante que l'Etat imposerait à un nouveau possesseur ne saurait avoir qu'une durée éphémère.

Supposons, en effet, que la commission du cadastre triomphe des résistances de l'opinion publique et qu'elle obtienne du Gouvernement, qui n'en a pas encore délibéré, et du Parlement, ensuite, un vote favorable et l'adoption d'un projet qui ne sera pas voté sans avoir soulevé de véritables orages parlementaires, il arrivera que, sous peine de laisser perdre la force probante si péniblement acquise au Livre foncier, l'État devra se livrer à d'incessantes investigations pour maintenir au Livre foncier le caractère que la nouvelle législation aura voulu lui attribuer.

Si un acquéreur A prouve le 1er juillet 1904, par exemple, qu'il est le propriétaire réel d'un immeuble I, comment saura-t-on qu'il l'est encore le 1er juillet 1905; que, dans l'intervalle, il n'a pas été interdit; qu'il n'est pas mort, etc? Comment saura-t-on quels sont ses héritiers? Connaîtra-t-on son testament? Saura-t-on si l'immeuble n'est pas un bien de communauté et comment cette communauté s'est liquidée?

Même en donnant la force probante au Livre foncier, on n'évitera pas d'obliger les propriétaires inscrits comme tels ou leurs ayants-droit à fournir d'incessantes justifications ; et il semble qu'il n'y aura seulement cette différence, entre la législation actuelle et la législation proposée par la commission du cadastre, que beaucoup de justifications se feront en plus, car pour tenir un registre foncier à jour et lui conserver la force probante, il faudra accabler les propriétaires de demandes avant l'immatriculation pour pouvoir l'effectuer et *ensuite* pour maintenir la force probante, ce qui ne dispensera pas, à chaque nouvelle immatriculation, d'avoir de nouvelles exigences comme si rien ne s'était passé.

Le lecteur se fera une idée des confusions auxquelles donne lieu cette question des livres fonciers en parcourant les discussions des deux congrès internationaux de la propriété bâtie et de la propriété foncière qui ont eu lieu au mois de juin 1900 à l'occasion de l'exposition.

On peut dire que presque toutes les personnes qui ont pris part à ces discussions ont confondu trois idées complètement distinctes :

1° Le projet de créer un livre où chaque propriété aurait un compte ouvert et qui révèlerait toutes les hypothèques, sans aucune exception grevant un immeuble déterminé, *quel qu'en soit le propriétaire*;

2° L'idée de n'inscrire le nom du propriétaire sur ce livre qu'après avoir vérifié son titre ;

3° La nécessité, avant de faire une pareille immatriculation, d'arriver à une détermination physique et juridique, aussi exacte que possible, de la propriété foncière, et de là, par conséquent, obligation de lever un plan général de toutes les propriétés en France.

Les conséquences de ce raisonnement sont graves, puisqu'elles se traduisent par une dépense annoncée de 600 millions, lesquels probablement s'augmenteront bien de quelques autres. La dépense, d'ailleurs, n'est que le petit côté de la question, car le plus grand inconvénient des projets de la commission du cadastre est d'ajourner la réforme aux calendes grecques.

∴

En 1897, M. Guillouard faisait remarquer que la réforme tentée par la loi du 23 mars 1855, était tout à fait incomplète. Il lui paraissait impossible « de voir dans cette loi, qui a volontairement respecté l'en-
« semble du régime hypothécaire défectueux du Code, qui n'a pas
« voulu « *y porter une main sacrilège* », la réforme si désirée et à
« propos de laquelle l'enquête de 1841 fournissait des bases sérieuses.

« D'ailleurs, ajoutait-il, il suffit de comparer notre régime hypothé-
« caire français avec celui des autres nations pour être convaincu de
« la nécessité de cette réforme...

« Ces réformes s'imposent d'autant plus impérieusement en France
« que notre pays traverse une crise économique plus redoutable dont
« nous avons déjà parlé. Tout le monde reconnaît qu'il faut venir en
« aide à la terre, dont la valeur vénale et locative est si amoindrie, et
« l'un des moyens de lui venir en aide est la création d'un bon régime
« foncier, permettant la circulation facile de la propriété immobilière,
« et surtout donnant la sécurité aux prêteurs dont la terre va former
« le gage. »

Tout le monde est donc d'accord sur le principe de la réforme, et il semble que le législateur devrait constater cet accord en consacrant tout d'abord le principe de la publicité et en créant des livres fonciers qui révèleraient toutes les hypothèques grevant un immeuble déterminé.

La question de savoir à qui appartient un immeuble I et la question de savoir quelles sont les hypothèques qui le grèvent sont deux questions qui peuvent être tranchées indépendamment l'une de l'autre, et on comprend même qu'elles doivent être traitées séparément.

Si on commence par créer le livre foncier sans se préoccuper du titre du propriétaire, on peut arriver immédiatement, dans l'espace de quelques semaines, à avoir dans toute la France et pour chaque commune un livre foncier où chaque héritage aura un compte ouvert et sera individualisé. Supposons ce livre créé dans une commune ayant une superficie de 3000 hectares, contenant 1000 habitants et 400 propriétés. Les 400 propriétés composées de 3000 parcelles ou de fractions de parcelles peuvent appartenir à 600 propriétaires, parce que certaines personnes possèdent plusieurs propriétés et que certaines propriétés sont indivises entre plusieurs personnes.

Il est évident qu'il ne serait pas difficile, en s'adressant au maire et au percepteur, d'avoir la liste de tous ces propriétaires, de leur demander de remplir une feuille, sur laquelle chacun d'eux ferait la description de chacun de ces immeubles. On pourrait même lui demander d'inscrire dans une colonne spéciale les hypothèques.

Des obligations analogues sont imposées aux propriétaires qui ont consenti des locations verbales ou qui recueillent des immeubles dans une succession. Il ne serait pas difficile de faire comprendre aux propriétaires que la réforme se fait dans leur intérêt. Ce premier travail fait, on communiquerait ces feuilles aux receveurs de l'Enregistrement qui les vérifieraient, à des géomètres qui les annoteraient du numéro du plan cadastral et on les transmettrait aux conservateurs des hypothèques qui auraient tous les éléments pour constituer des livres fonciers.

*
* *

On serait bien sûr de n'oublier aucune propriété puisque la liste des propriétaires aurait été dressée ou vérifiée par le percepteur. Toutes les parcelles cadastrales auraient été relevées et s'il y avait un oubli on s'en apercevrait en constatant qu'en marge de l'inscription de la parcelle, il n'y a pas le numéro correspondant du livre foncier.

Par conséquent, quand un livre foncier aurait été ainsi organisé, il serait facile au conservateur de l'annoter de toutes les inscriptions prises ou à prendre sur chaque immeuble. La publicité deviendrait absolue et un délai serait accordé aux femmes mariées et aux tuteurs des mineurs pour faire inscrire les hypothèques légales. Au besoin, les receveurs de l'Enregistrement pourraient, au vu de leurs registres, signaler aux procureurs de la République les hypothèques légales à faire prendre d'office. Quoi qu'il en soit, le livre foncier serait créé et la publicité complète des droits réels assurée.

Quant à la question de la vérification des titres des propriétaires, ce n'est pas, à proprement parler, une question de publicité ; mais il est certain que le jour où il existerait un livre foncier par commune, le législateur pourrait faire de l'inscription du propriétaire apparent sur ce livre le point de départ d'une courte prescription du droit de propriété.

*
* *

Lors des délibérations du congrès de la propriété bâtie, un avocat à la Cour d'appel de Paris M. Hermance, fut chargé de faire un rapport sur la question des livres fonciers. Ce rapport, qui est très clair, fait comprendre par l'effet de quelle association d'idées les adversaires et les partisans des livres fonciers sont arrivés à confondre les trois idées que j'ai rappelées plus haut sur l'utilité des livres fonciers, la force probante de l'inscription du nom du propriétaire et sur la nécessité de ne consigner un immeuble qu'après en avoir levé le plan.

Cet enchaînement d'idées présentées comme dérivant nécessairement les unes des autres, alors qu'elles sont complètement distinctes est même tel que les adversaires, comme d'ailleurs certains partisans des livres fonciers, en arrivent à admettre que la constitution des livres fonciers doit entraîner nécessairement la mobilisation de la propriété.

Voici comment M. Hermance présente cette succession d'idées, dans le rapport qu'il avait été chargé de faire au congrès de la propriété bâtie :

« Il importe à la sécurité de l'acheteur d'être averti des droits qui « altèrent sensiblement la valeur de son achat, d'être prévenu des « causes qui menacent l'existence ou le maintien de la vente. Il n'im- « porte pas moins, si l'on veut obtenir la confiance du capitaliste prê- « teur de deniers, de lui permettre d'apprécier, par un exposé sincère « de la situation juridique de l'immeuble, la valeur précise du gage « offert en garantie. Projeter, par la publicité, une lumière nette et « claire sur sa situation ; dire sans aucune restriction la vérité tout « entière c'est, en matière immobilière comme en toute autre, la « véritable manière d'inspirer la confiance qui appelle le crédit.

« Mais si la publicité est une condition essentielle du crédit immobi- « lier parce qu'elle seule rassure, en les éclairant, les acheteurs et les « prêteurs, si elle est une garantie de sécurité, ne peut-on pas songer « à lui faire jouer, en matière de crédit immobilier, un rôle autre- « ment large, ne peut-on pas faire de l'inscription sur les registres « fonciers la preuve nécessaire et suffisante du droit de propriété ? La « publicité foncière n'aura plus seulement pour effet de révéler les « charges consenties par le propriétaire : elle garantira en outre à « tous que celui qui les a consenties était bien et dûment proprié- « taire. Sera donc le véritable propriétaire celui-là que l'autorité a « consenti à inscrire sur les registres fonciers, après vérification de « ses titres. Le rôle nouveau de la publicité consistera à fixer et à « consolider, par l'inscription, le droit de la propriété. Notre publicité « actuelle éclairait, sans la liquider, la situation des possesseurs d'im- « meubles ; la publicité nouvelle éclaireraet liquidera tout à la fois « leur situation. Elle dira quelles charges grèvent l'immeuble : mais « en même temps elle désignera le véritable propriétaire, grâce à la « force probante accordée à l'inscription sur les livres fonciers, après « examen des titres et justifications nécessaires.

« On comprend que cette attestation publique de la qualité de pro- « priétaire, que cette force probante accordée à l'inscription sur les « registres fonciers, implique non seulement la justification des titres « du propriétaire, mais aussi une détermination rigoureuse et d'une « précision géométrique, de la propriété ainsi conférée. Il est donc « de toute nécessité d'arriver à une détermination physique et juridi- « que aussi exacte que possible de la propriété foncière. Il faut par- « venir à individualiser chaque immeuble en rassemblant sur un « même feuillet tous les renseignements qui le concernent. L'ensemble « de ces feuillets constituera le Livre foncier. Chacun de ces feuillets « constituera pour le propriétaire inscrit au registre et porteur d'un « duplicata de ce feuillet un véritable titre nominatif de propriété.

« Et voilà que, du coup, le droit de la propriété ainsi figuré par un « titre, cesse de se confondre avec l'objet matériel sur lequel il porte ; « le voilà devenu, lui aussi, une chose incorporelle, un immeuble par « l'objet auquel il s'applique. La propriété est devenue non un objet

« d'appropriation matérielle et exclusive, non plus une valeur d'utilité « purement individuelle ; mais bien une véritable valeur d'échange et « de circulation. Elle se transmet non plus par la volonté individuelle « libre du propriétaire, mais se confère par l'octroi d'un titre certifié « authentique par l'autorité. *Elle puise son fondement* non plus dans « l'attache du sol, dans la longue et paisible possession ininterrompue, « dans la prolongation d'un état de fait transformé en droit par l'effet « du temps, mais bien *dans un véritable certificat conféré par un « fonctionnaire* dans un titre authentique et officiel, justificatif de qualité « et de capacité.

« *Circulation sûre et rapide de la propriété, sous les espèces et « apparences d'un titre nominatif authentique délivré par un fonc- « tionnaire* : voilà l'idée nouvelle poussée à ses dernières consé- « quences. Car il va sans dire que les systèmes transactionnels abon- « dent ; ils se séparent entre eux par mille nuances, parfois d'ailleurs, « très accusées, mais que votre rapporteur ne peut discerner ici par « suite d'une double insuffisance d'espace et de compétence.

« Aussi bien, il sait que votre pensée (sinon la sienne, qui n'importe « guère) est hostile à cette application des procédés de circulation com- « merciale et immobilière, toute de fixité et de stabilité. On spécule « sur les meubles ; mais on s'attache au sol, qui est un morceau du « territoire de la patrie. Est-ce bien le moment de détourner les « regards du paysan du sol qu'il cultive, en l'habituant à les tenir « fixés exclusivement sur le titre aisément négociable qui lui per- « mettra d'en réaliser la valeur en ville ? Est-ce bien le moment « d'ouvrir à l'esprit de spéculation immobilière des perspectives d'ho- « rizon indéterminé ? »

∴

Ainsi que M. Hermance le reconnaît, les systèmes abondent entre la législation actuelle et le principe de la mobilisation de la propriété.

Le système qui, semble-t-il, devrait réunir tous les suffrages devrait consister à faire du propriétaire, en vertu de l'article 544 du Code civil, le maître de l'immatriculation de son immeuble au Livre foncier.

Si une commune a 400 propriétés appartenant à 600 propriétaires, il semble que chaque propriétaire devrait être libre de faire immatriculer ses immeubles comme il l'entendrait. L'Etat n'a qu'un droit, c'est de lui demander d'en payer l'impôt. Il n'a pas le droit de lui demander à vérifier son titre de propriété. L'Etat peut dire à un propriétaire : « Je veux savoir à qui appartient ce champ, je veux en « connaître la valeur pour la soumettre à l'impôt et je veux immatri- « culer ce champ pour le tenir sous ma continuelle surveillance. » Mais qu'importe à l'Etat que ce soit Pierre, Paul ou Jacques qui paye l'impôt ? Il est d'ailleurs certain que 999 fois sur 1.000, c'est le propriétaire réel qui s'offrira pour payer l'impôt.

Au point de vue fiscal, l'Etat peut donc se désintéresser de la question du droit de propriété. Mais, en même temps qu'il est percepteur d'impôt, l'Etat est organisateur de publicité hypothécaire. A ce point de vue, son rôle est d'être le serviteur du public et de se mettre à sa disposition pour assurer, dans les meilleurs conditions possibles, la sécurité et la rapidité des transactions immobilières. Or voici comment dans l'hypothèse que nous avons faite d'une commune de 1.000 habitants, de 600 propriétaires, de 400 héritages, et de 3.000 parcelles, je comprendrais le rôle du conservateur des hypothèques s'adressant à un notaire chargé de lui demander des renseignements sur une propriété. Le conservateur des hypothèques devrait dire au notaire :

« J'ai la liste par ordre alphabétique des 1.000 habitants de la com-« mune de N. Je puis vous dire quels sont ceux qui possèdent des pro-« priétés et ceux qui n'en possèdent pas. Chaque propriété est imma-« triculée et il suffirait que vous me donniez le numéro d'une parcelle « cadastrale pour que je vous fasse connaître de quel héritage une « parcelle, ou même une fraction de parcelle fait partie. Je puis vous « garantir qu'il n'y a pas une seule parcelle non inscrite et pas un seul « immeuble non immatriculé. Il vous appartiendra de vous assurer « de la validité du titre de chaque propriétaire, mais je dois vous dire « que j'ai vérifié certains titres sur la demande des intéressés, que je « les ai reconnus valables et que l'Etat, ou moi, sous la responsabilité « de mon cautionnement, garantissons la validité de ce titre.

« Certaines propriétés ont été mobilisées et ne sont plus disponibles, « je vous les signalerai, afin que vous ou vos clients sachiez à quoi « vous en tenir ».

* * *

Ce qui fait la confusion des discussions auxquelles donne lieu la réforme hypothécaire, c'est que beaucoup de personnes croient qu'il y a un lien nécessaire entre la création des livres fonciers et la mobilisation de la propriété. Mais il est loisible au législateur de ne pas adopter toutes les conséquences du Livre foncier ; il peut se borner à créer un livre qui révèlera seulement toutes les hypothèques qui grèvent un immeuble déterminé.

Ce résultat assurerait la sécurité des transactions immobilières. Il suffirait, dans la plupart des communes, de quelques semaines pour le réaliser, tandis que si les partisans du Livre foncier s'obstinent à exiger la réforme intégrale, telle que la commission du cadastre l'a conçue, c'est-à-dire avec la force probante et la réfection préalable du cadastre, il y a lieu de craindre que les générations actuelles ne voient jamais la réalisation d'une réforme impatiemment attendue par plus de 10 millions de propriétaires. Je vois bien, d'ailleurs, que l'on se fait un épouvantail de la mobilisation de la propriété, en se figurant que les titres immobiliers feraient l'objet de spéculations en bourse. On n'en est pas encore à craindre ce danger. Il faudrait d'abord créer des livres fonciers et, si le danger existe, le Parlement aura tout le temps d'y réfléchir avant de voter une loi autorisant la délivrance de titres mobilisables.

Pour le moment, il ne s'agit que de savoir si le Gouvernement et le Parlement doivent adopter les propositions de la commission du cadastre, qui consiste à dépenser 570 millions pour faire des plans cadastraux, lesquels, dans le système de la commission, devront permettre de faire des livres fonciers qui en coûteront 30.

Je crois avoir démontré que, non seulement on peut faire des livres fonciers sans avoir refait le plan du cadastre, mais encore que si on ne fait pas le livre avant de faire le plan, il faudra recommencer celui-ci (1).

La commission du cadastre est partie de cette idée qu'il fallait nécessairement que le conservateur des hypothèques eût une connaissance complète et approfondie de chaque immeuble et qu'il pût dire à un capitaliste :

« L'immeuble sur lequel vous me demandez de vous renseigner a « exactement tant d'hectares, tant d'ares, tant de centiares. La confi- « guration et les limites en sont indiquées sur un plan dont voici le « numéro ».

Les capitalistes, les avoués, les notaires, les acquéreurs et les créanciers n'en demandent pas tant. Généralement, ils connaissent l'immeuble, ou bien ils n'ont pas besoin de le connaître. Qu'est-ce que cela peut faire à un banquier de Paris auquel on demande 5.000 francs à emprunter sur une forêt dans les Landes ou un domaine en Normandie, que l'on ait refait le plan de cette propriété et qu'elle ait 42 hectares 50 ares ou 42 hectares 53 ares ! L'établissement d'un nouveau plan du cadastre ne fera jamais même ressortir une pareille différence.

Le banquier de Paris a un notaire capable de vérifier le titre de l'emprunteur. Si le titre a été vérifié par le conservateur, cela n'en vaudra que mieux ; mais ce n'est pas ce qui l'empêchera de consentir le prêt. Ce que le prêteur éventuel voudra savoir, c'est l'histoire juridique de la propriété remontant à 30 ans au moins et en connaître toutes les hypothèques.

Au besoin, il fera le voyage et ira visiter l'immeuble.

On peut dire que tous les acquéreurs et tous les prêteurs n'ont pas besoin que le conservateur les renseigne sur la consistance des propriétés. Ils les connaissent suffisamment et à ces renseignements que la commission du cadastre cherche à leur procurer, ils préféreraient de beaucoup des renseignements sur l'état civil des propriétaires et la certitude absolue qu'il n'y a aucune hypothèque occulte et aucune cause de résolution ou de nullité dans les titres de propriété du vendeur.

La question du cadastre n'est donc que secondaire, tandis qu'il y a un intérêt supérieur à ce qu'elle ne soit pas plus longtemps un prétexte à l'ajournement de la réforme hypothécaire.

∴

Il est curieux de voir comme les esprits les plus réformateurs sont d'ailleurs préoccupés, on pourrait même dire hypnotisés, par cette question de cadastre : « Nos préférences, dit M. Guillouard, nous l'in- « diquons immédiatement et nous allons bientôt en donner les raisons, « sont pour l'établissement d'un Livre foncier unique, obligatoire, sur « lequel devra être porté, en de brèves mentions analytiques, tout ce « qui regarde la propriété foncière et les charges qui la grèvent.

« Mais ce Livre foncier, remplaçant nos livres de transcription et

1. — *Cadastre et livre foncier*, brochure éditée en 1891 par Marchal et Billard.

« d'inscription hypothécaire, inévitablement précédé, c'est notre pen-« sée du moins, de la suppression des hypothèques générales et occul-« tes et des privilèges sur les immeubles, ne doit pas être substitué « tout d'un coup au régime actuel, auquel les Français sont habitués « par des traditions séculaires : quel que fût le mérite de ce régime « nouveau, il serait à craindre qu'au lieu de raffermir le crédit fon-« cier il eût d'abord pour résultat de l'ébranler en jetant le désarroi « dans les esprits, surtout à un moment de crise aiguë dans la pro-« priété immobilière.

« D'ailleurs, fût-on d'un avis contraire au nôtre sur l'opportunité « de ce brusque changement, on devrait encore arriver à la même « conclusion par d'autres considérations. *L'établissement d'un livre « foncier, en corrélation avec le cadastre, suppose la revision du « cadastre en France*, et, ni au point de vue du temps nécessaire à « cette opération, ni au point de vue des dépenses qu'elle entraîne, elle « ne peut s'achever rapidement ».

Pourquoi est-il nécessaire de refaire le cadastre avant de faire des livres fonciers ? Il y a un moyen bien simple d'immatriculer les propriétés, sans les confondre les unes avec les autres, c'est de les consigner sur le Livre foncier en les désignant comme les parties l'ont fait elles-mêmes dans leurs actes, ou dans leur déclarations. Il n'y a pas deux feuilles d'arbre, dans la nature, qui se ressemblent ! Il n'y a pas non plus, dans une commune, deux propriétés qui puissent être confondues l'unea vec l'autre, surtout si on laisse aux parties elles-mêmes le soin d'indiquer au conservateur, comme c'est d'ailleurs naturel, l'immeuble qu'elles ont entendu aliéner ou hypothéquer.

Il devrait se passer dans une conservation d'hypothèques ce qui se passe dans un magasin où le client choisit lui-même l'objet qu'il veut acheter.

Supposons le Livre foncier constitué comme je viens de l'indiquer. Le conservateur serait en mesure de mentionner, lui-même, en marge de chaque immatriculation, les hypothèques qui frapperaient l'immeuble et qui seraient déjà inscrites. Les femmes mariées et les tuteurs auraient bien plus de facilités pour faire inscrire les hypothèques légales si le livre foncier était institué avant cette suppression. Le livre ne doit pas être le couronnement de la réforme hypothécaire. Il doit en être la préface et le préliminaire. Chaque immatriculation, en effet, doit être une œuvre éphémère destinée à être modifiée, ou même à disparaître, au fur et à mesure des mutations successives.

On ne s'explique donc pas que M. Guillouard craigne que le Livre foncier, au lieu de raffermir le crédit hypothécaire, ait d'abord pour résultat « de l'ébranler en jetant le désarroi dans les esprits surtout « à un moment de crise aiguë dans la propriété immobilière. »

M. Guillouard reconnaît que la réforme doit consister dans « l'établissement d'un Livre foncier unique, obligatoire sur lequel devra « être porté, en de brèves mentions analytiques, tout ce qui regarde « la propriété foncière et les charges qui la grèvent. »

∴

Voilà, en quelques mots, à quoi se réduit la révolution qu'il suffit de faire pour réaliser la réforme hypothécaire. Que l'on crée ce registre, et qu'au lieu d'y copier les actes littéralement, comme on le fait aujourd'hui en vertu de l'article 2181 du Code civil, on dispose l'analyse de la mutation dans quelques colonnes d'un registre et le livre foncier est créé, sans que le public ait le moindre prétexte pour s'émouvoir d'une modification apportée à des écritures dont il soupçonne à peine l'existence.

Si un arrondissement a 60 communes, le conservateur aura 60 volumes, au lieu d'avoir un seul registre de transcription, en 1.500 ou 2.000 volumes pour tout son arrondissement. Quand le Livre foncier d'une commune sera fini, le conservateur des hypothèques commencera un second volume, qu'on appellera le tome 2 du Livre foncier de la commune de N. et le conservateur au lieu de certifier, que l'acte de vente passé, le 20 décembre 1903, devant M. Durand, notaire, a été transcrit sous le n° 50 du volume 1.720 du registre de transcription, certifiera que l'immeuble vendu a été immatriculé sous le n° 25 du tome deuxième du Livre foncier de la commune de N.

Une pareille réforme ne peut que laisser le public indifférent. Mais les particuliers et les officiers ministériels ne tarderont pas à s'apercevoir que, de ce seul fait, les affaires foncières sont devenues beaucoup plus faciles.

Si l'immeuble vendu le 20 décembre 1903 est donné, le 15 mars 1904, par l'acquéreur A à son fils D, le Livre foncier le fera connaître par une simple mention en marge de la première immatriculation. Une copie de l'acte de donation sera déposée à la conservation au lieu d'y être transcrite et elle se trouvera classée dans le dossier de l'immeuble.

Si le père donateur a grevé l'immeuble d'une charge, telle qu'une pension viagère, les tiers en seront informés par une mention dans la colonne du passif de l'immeuble. Si, plus tard, cette charge disparaît pour une cause quelconque telle qu'une renonciation ou le décès du père, deux mots du conservateur dans la colonne de l'actif le feront connaître.

Par la force des choses, il arrivera nécessairement un moment où les immatriculations seront surchargées de mentions inutiles. Il n'y aura alors qu'à passer un trait à l'encre et à refaire une nouvelle immatriculation sur la première page en blanc du registre courant.

La réforme hypothécaire consiste principalement à avoir des écritures nettes, complètes et susceptibles d'être comprises par une personne sachant lire et écrire et qui ouvrira le Livre foncier à une page quelconque.

*
* *

La difficulté de la réforme consiste moins à bien classer les renseignements qu'à les recueillir et à n'en laisser échapper aucun. N'importe quel commis devrait pouvoir tenir un livre foncier, et le grand mérite de la nouvelle police des propriétés devrait consister surtout à recueillir les renseignements en causant le moins de dérangement possible aux propriétaires, à leurs acquéreurs et à leurs créanciers.

Le conservateur devrait être avisé par la communication des actes de l'état civil, des déclarations de succession, des jugements de séparation de biens, de divorce, d'interdiction, etc., de tous les faits de nature à avoir une influence quelconque sur le droit de propriété. Il devrait savoir très exactement les prénoms et les domiciles successifs de tous les propriétaires.

Ce ne devrait pas être aux parties à lui faire connaître les numéros du plan cadastral. C'est lui, qui, dans chaque commune, devrait avoir un correspondant établissant la référence entre le Livre foncier et le cadastre. Ce ne serait, d'ailleurs, que l'affaire de cinq ou six jours par an en moyenne, par commune, pour faire ce travail de rapprochement.

En d'autres termes, la conservation des hypothèques devrait être une agence complète de renseignements sur l'état civil des personnes et des propriétés, et, dans l'accomplissement de cette tâche, le conservateur devrait avoir pour collaborateurs, pour auxiliaires et pour correspondants les officiers ministériels et les divers fonctionnaires, spécialement les receveurs de l'enregistrement, les percepteurs et les contrôleurs des contributions directes qui sont chargés des mutations foncières, soit pour constater les conventions des parties, soit pour recouvrer les impôts existants sur les propriétés.

Les livres fonciers devraient être tenus en double, l'un le livre juridique entre les mains du conservateur, l'autre le livre fiscal entre les mains des agents locaux chargés de recouvrer les impôts.

C'est cette organisation qui sera difficile à faire, parce qu'elle se heurtera à des errements anciens et qu'il y aura des intérêts à ménager. Mais ces difficultés ne sont pas insolubles et, par la force même des choses, elles se résoudront le jour où le livre foncier sera créé. Il suffira, en effet, de donner aux géomètres des extraits du livre foncier pour qu'ils dressent sur le terrain des plans conformes aux droits des parties.

*
* *

On se trouve en présence de deux documents à établir :

1° Un livre qu'on appelle livre foncier et qui doit contenir l'histoire juridique de chaque immeuble ; 2° un plan représentant à l'œil l'immeuble consigné sur le Livre foncier et en faisant connaître la configuration, la contenance et les limites.

L'importance de ces deux documents est inégale. La question qui se pose est de savoir quel est celui qu'il faut établir le premier. Le livre seul pourrait suffire aux personnes qui connaissent l'immeuble ; or, ces personnes sont les intéressés eux-mêmes, c'est-à-dire les propriétaires, leurs acquéreurs et leurs vendeurs. Le plan sera principalement utile aux agents de l'administration, c'est-à-dire aux géomètres et aux conservateurs des hypothèques. Mais comment les géomètres pourront-ils lever le plan d'une propriété conformément aux droits des parties, s'ils ne connaissent pas ces droits avant d'aller sur le terrain ?

Il n'y a pas d'exemple d'un expert allant sur le terrain étudier un litige sans s'être fait remettre les titres des parties. La commission du cadastre propose d'envoyer dans chaque commune des géomètres qui diront à qui appartient chaque champ, chaque pré, chaque bois, etc. Ces géomètres feront des images qui représenteront chaque propriété. Mais il n'y a aucune trace sur le sol des divisions juridiques. Un géomètre distinguera les diverses cultures ; s'il se trouve en présence d'un pré, qui n'est divisé par aucune haie, il le relèvera comme ne constituant qu'une parcelle, alors qu'il pourra appartenir à deux propriétaires différents.

Si ce pré appartient au même propriétaire, il pourra avoir quatre origines différentes. La partie nord pourra être grevée d'un privilège de vendeur et la partie sud avoir été payée comptant. La partie est pourra être grevée de l'hypothèque légale des enfants d'un premier mariage et la partie ouest de l'hypothèque légale de la seconde femme du propriétaire.

*
* *

J'entends bien que le géomètre convoquera les propriétaires, se fera représenter leurs titres et les appliquera sur le terrain. Mais quelle garantie cela donnera-t-il aux absents? Quelle lenteur surtout dans les opérations des géomètres! Ces derniers, au contraire procèderaient à coup sûr, si avant d'aller sur le terrain, le conservateur des hypothèques leur remettait, pour chaque immeuble, un extrait du Livre foncier leur faisant connaître l'histoire juridique de chaque propriété. Le géomètre renverrait au conservateur l'extrait de son livre avec un extrait du plan. Celui-ci annoterait le livre des indications du plan, classerait le tout dans le dossier de l'immeuble et on partirait d'un point de départ exact pour toutes les mutations à venir.

Ce que je dis là n'est pas un produit de mon imagination. C'est ainsi que l'administration des Domaines appréhende dans les colonies et spécialement en Algérie les immeubles qu'elle remet au service de la colonisation. Elle a commencé à créer des livres, qui portent le nom de sommiers de consistance. Elle a fait faire les plans ensuite et a mis les livres en concordance avec les plans, *mais elle n'a pas attendu que les plans fussent faits pour consigner les immeubles sur les livres*

Il en est de la force probante comme de la configuration de l'immeuble. En consignant l'immeuble sous le nom du propriétaire apparent, en s'entourant d'ailleurs de renseignements aussi précis que possible — renseignements qui abondent dans les mairies, dans les bureaux de l'enregistrement et dans les conservations des hypothèques — on peut arriver à une approximation de la vérité équivalant presque à une certitude. Et si, demain, on demandait à tous les propriétaires de faire la déclaration des immeubles que chacun possède, on aurait dans quelques semaines les premiers éléments des livres fonciers Il suffirait de les classer, après les avoir vérifiés, pour avoir tous les livres eux-mêmes.

La force probante viendrait plus tard par le fonctionnement régulier du Livre foncier. On peut même dire que l'expérience en a été faite en Alsace-Lorraine, ainsi que M. Neumann, conseiller du gouvernement luxembourgeois, l'a constaté dans une étude sur l'Alsace-Lorraine à laquelle j'emprunte les phrases suivantes :

« Divers pays allemands et les cantons suisses n'ont pas accordé le « caractère de la force probante aux livres fonciers qui, comme les « livres alsaciens-lorrains, se bornent à spécifier d'une manière aussi « exacte que possible la qualité de l'immeuble et renseignent les titres « de propriété et des droits réels. L'acquéreur ou le créancier y pui- « sent facilement et rapidement tous les renseignements désirables et « si même ces renseignements ne sont pas la vérité absolue, ils cons- « tituent pourtant des présomptions d'exactitude tellement graves que « sur mille cas il ne se présentera guère une erreur ».

M. Worms, qui, à la séance du 2 juin 1892, citait à la Commission du cadastre cette opinion de M. Neumann, ajoutait : « Si réellement « les livres fonciers, avec les précautions dont on entoure leurs énon- « ciations, donnent lieu à si peu d'erreurs que la statistique la plus « vigilante aurait quelque peine à en relever, ne sommes-nous pas « autorisés à dire qu'on peut gratifier sans le moindre inconvénient le « Livre foncier de la force probante ? »

*
* *

Ces constatations permettent de conclure que si le Livre foncier est établi avec quelques précautions, on pourrait avoir un document remplissant le but que l'on se propose d'atteindre. Mais si on veut, avant d'immatriculer un immeuble, vérifier le titre de chaque propriétaire, on entreprendra l'œuvre la plus impopulaire et la plus impraticable qu'il soit possible d'imaginer.

Se représente-t-on des géomètres et des conservateurs des hypothèques émettant la prétention de vérifier les titres de 10 millions de propriétaires, et ensuite, à chaque nouvelle mutation, le conservateur des hypothèques émettant la nouvelle prétention de ne transcrire les actes déclaratifs et translatifs des propriétés, même les mutations par décès, qu'après que chaque nouveau possesseur lui aura justifié de ses droits?

Si un paysan meurt laissant quatre enfants et si trois seulement se présentent comme héritiers, le conservateur devra leur demander de justifier de leur qualité. Si on le trompe, et si la succession est ainsi transcrite, le quatrième héritier se trouvera dépouillé !

Naturellement, le conservateur sera exposé à un procès. On peut alors se représenter combien les affaires foncières, déjà hérissées de frais, de formalités et de dificultés, seront facilitées par la nouvelle législation.

Toutes ces difficultés ont été inutilement signalées à la commission du cadastre parce que son attention a été spécialement appelée sur la nécessité de sauvegarder les intérêts des incapables.

A la séance du 9 juin 1892, le dialogue suivant s'engageait entre M. Bufnoir, professeur à la faculté de droit de Paris et le Directeur général de l'Enregistrement. M. Bufnoir disait : « Il y a, dès aujour- « d'hui, une matière dans laquelle le conservateur des hypothèques est « tenu exceptionnellement et sous sa responsabilité de vérifier ces « questions d'incapacité : c'est lorsqu'il s'agit de radiation d'inscrip- « tion. Le conservateur doit alors vérifier l'exactitude et la sincérité « de l'acte en même temps que la capacité des parties.

« Quelle est la conséquence de la situation ? C'est que les conser- « vateurs qui encourent cette responsabilité sont très timorés. Au « premier doute il faut qu'on obtienne un jugement, voilà ce qui se « produit journellement.

« *M. Liotard-Vogt.* – Il est parfaitement vrai qu'en matière de « radiations les conservateurs sont appelés à trancher, sous leur « responsabilité, les questions de droit les plus délicates : en cas de « contestations, les tribunaux sont naturellement appelés à se pro- « noncer.

« *M. Bufnoir.* — M. le Directeur général de l'Enregistrement con- « firme mon dire et je vois M. le conseiller Faye faire également un « signe d'acquiescement. Oui, nous voyons, tous les jours, des procès

« rendus nécessaires par les conditions auxquelles on subordonne, au « point de vue des incapacités, les radiations d'inscriptions. Or, ce qui « se produit exceptionnellement aujourd'hui pour les radiations, vous « le verrez se produire d'une manière bien plus générale pour toutes « les inscriptions. C'est là un point de vue qui devrait, il me semble, « vous être signalé. *C'est*, pour ma part, *une considération qui*, en « dehors d'autres raisons, *me fait reculer devant l'innovation si « grave qu'on vous propose et qui consiste à sacrifier les intérêts « des incapables aux intérêts, très respectables d'ailleurs, du cré- « dit public*. Je crois que l'incapable doit être protégé dans la mesure « nécessaire et comme doivent l'être les personnes qui se trouvent « dans l'impossibilité de se protéger elles-mêmes.

« C'est ici qu'on m'objecte que nous allons imposer à celui qui veut « traiter avec une personne pour un droit relatif à un immeuble, « l'obligation non seulement de vérifier la capacité de cette personne, « mais de remonter dans la série des actes et de vérifier toutes les « incapacités ».

*
* *

Sous une forme différente, MM. Bufnoir et Hermance, partisan et adversaire du Livre foncier, expriment la même idée. L'un et l'autre sont d'accord pour reconnaître l'utilité de projeter par la publicité une lumière, nette et claire, sur la situation juridique d'un immeuble.

Si le notariat et les deux congrès de la propriété, qui se sont tenus en 1900, sont nettement hostiles à l'institution du Livre foncier, c'est qu'ils n'admettent pas que ce livre prépare une « circulation sûre et « rapide de la propriété, sous les espèces et apparences d'un titre « nominatif authentique délivré par un fonctionnaire. »

Les partisans des livres fonciers, avec force probante, sont les premiers à reconnaître les difficultés de l'entreprise et son impopularité et ils comprennent que les propriétaires verront avec défaveur l'obligation qui leur serait imposée de soumettre, à chaque mutation, leurs titres à la vérification des conservateurs des hypothèques.

Ceux-ci, d'ailleurs, ne paraissent pas être autrement jaloux de cette extension de leurs attributions. Ce sont des agents expérimentés et prudents, qui n'engageront pas leur responsabilité à la légère en immatriculant des propriétés si les nouveaux possesseurs ne leur fournissent pas les plus amples justifications. Ce sont des fonctionnaires soumis dont on n'a à attendre aucune résistance. Ils exécuteront la loi avec respect, mais il ne faut pas leur demander de faire le sacrifice de leurs intérêts.

On hésitera donc avant de les transformer en juges des conventions, dont ils se bornent aujourd'hui à garder une copie et à prendre note, sous le compte de chacune des parties contractantes, afin de renseigner les tiers et d'assurer la publicité des mutations.

Quelle fortune ne leur faudrait-il pas pour cautionner les fautes qu'ils commettraient dans l'exercice de ces délicates et redoutables fonctions ? Le nombre actuel des conservateurs d'hypothèques serait-il suffisant ? Les attributions actuelles de ces agents, quoique relativement simples, sont cependant hérissées de difficultés. Ils sont constamment placés, quand ils délivrent des états d'inscription, entre le danger d'omettre une hypothèque ou de certifier l'existence d'une charge s'appliquant à une personne ou à un autre immeuble que ceux pour lesquels la réquisition est faite. Dans le doute, ils sont obligés de ne pas s'abstenir et les officiers ministériels se plaignent assez fréquemment d'avoir des états trop complets. A quoi les conservateurs répondent qu'ils sont très embarrassés et que, par exemple, ne connaissant pas suffisamment les personnes, ils sont obligés, si on leur demande un certificat sur Jean-Pierre-Louis-Bernard, de délivrer des certificats sur Jean-Bernard, Jean-Pierre-Bernard, Pierre-Louis-Bernard, Jean-Louis-Bernard, Louis-Bernard, etc. qui peuvent ne pas être la même personne.

Quand on apporte un acte de vente à un conservateur, son embarras est la plupart du temps très grand de savoir au compte de quelles personnes, vendeur et acquéreur, il faut porter cette acquisition pour la retrouver plus tard.

La responsabilité de ces agents étant ainsi engagée, ils tremblent, à chaque instant, de compromettre leur fortune et d'exposer un cautionnement qui ne leur appartient pas toujours. Ils sont donc excusables d'être *timorés* ; mais, si on les charge de vérifier les titres des nouveaux possesseurs, il faut s'attendre à ce que les transactions immobilières se feront avec une lenteur encore plus grande qu'aujourd'hui.

Nécessairement il sera nécessaire d'augmenter le nombre des conservateurs des hypothèques : le tripler et même le décupler ; et, malgré toute la diligence apportée à la vérification des titres, il faut s'attendre à ce que une transcription faite actuellement le jour même où elle est requise, sera différée de plusieurs semaines, quand ce ne sera pas de plusieurs mois ?

La plupart du temps, d'ailleurs, malgré toute la bonne volonté des conservateurs, l'immatriculation devra être refusée faute par les parties de vouloir ou de pouvoir fournir les justifications nécessaires. Sous le régime actuel, la transcription a lieu presque gratuitement : le conservateur ne demande aucune justification, et malgré cela, beaucoup de mutations ne sont pas transcrites. Que sera-ce dans le système proposé par la commission du cadastre ?

⁂

Un membre de cette commission, M. Neïmarck, définissait ainsi à la séance du 6 juin 1892 le but à atteindre : « Si j'avais un vœu à exprimer, ce serait qu'au Livre foncier, les inscriptions qui y figureront fussent aussi claires que possible. Il faudrait que toutes les charges hypothécaires se manifestassent clairement aux yeux des prêteurs, que ceux-ci pussent juger par leurs propres lumières la situation de l'emprunteur sans être obligés de s'en rapporter à des hommes d'affaires pour connaître la situation de l'immeuble sur lequel ils veulent prêter ou qu'ils veulent acquérir. C'est peut-être un idéal, mais je désirerais qu'ils pussent faire le bilan immobilier d'un possesseur de biens quelconque avec une addition et une soustraction, une addition pour calculer le montant total des inscriptions dont le bien est grevé, et une soustraction pour voir ce qui reste libre sur la valeur de cette propriété. Si vous surchargez le Livre foncier de mentions et de restrictions, si les extraits qui seront déli-

« vrés ne sont pas simples, clairs et limpides, *toute la réforme que « nous désirons faire, aboutira à un échec.*»

Un Livre foncier établi sur ces bases, sans se préoccuper de la force probante, ne soulèverait aucune objection et permettrait, d'un seul coup d'œil, de voir la situation d'un immeuble. Si, au contraire, le Gouvernement venait à adopter les propositions de la commission du cadastre, son projet se heurterait à des objections, dont je vous demande la permission de donner un aperçu, en citant le passage suivant du discours prononcé le 31 mai 1900 au congrès de la propriété bâtie sous la présidence de M. Paul Beauregard, professeur à la Faculté de droit de Paris, et député de la Seine, par M. Baudelot avocat à la Cour d'appel de Paris.

« Il faut, pour que le Livre foncier puisse produire quelques effets, « que l'inscription et l'immatriculation du propriétaire soit définitive « et absolue envers et contre tous. Or, dans notre droit, les transmis- « sions de propriété ne sont pas toutes absolues, définitives, irrévoca- « bles. Supposons que nous vivions déjà sous le régime enchanteur « du Livre foncier. Je n'ai pas d'enfant et je fais don de l'immeuble « qui m'appartient. A quelque temps de là, je me marie, et, le ciel « ayant béni mon union, je me trouve avoir un héritier. Je regrette « un peu la donation que j'ai faite, j'ouvre le Code et je m'aperçois que « le législateur a prévu mon cas, et qu'il a expressément stipulé que « les donations sont révocables pour cause de survenance d'enfant. Je « vais m'adresser à mon donataire, et lui réclamer l'immeuble que je « lui ai donné. Que me répondra-t-il ? Se refusera-t-il à le faire ? Ce « serait, Messieurs, méconnaître l'esprit conservateur du Code civil « et du législateur qui ont voulu assurer avant tout le maintien de la « propriété. Accèdera-t-il, au contraire, à ma demande et me remet- « tra-t-il ma propriété ? Mais alors, c'en est fini du Livre foncier et de « sa force probante ; car, qui aurait pu mentionner cette action révo- « catoire ? Moi, donateur, et moi seul. Or, si je ne l'ai mentionnée, « soit que je n'ai pas voulu le faire, soit que je n'y aie pas pensé, « serais-je déchu de tous mes droits ? Ce n'est pas en ma faveur per- « sonnellement que cette révocation a été inscrite dans le Code. C'est « en faveur de mon héritier. Allez-vous décider que celui-ci sera « impitoyablement lésé ?

« On pourrait multiplier les exemples : réduction d'une donation « excédant la quotité disponible ; révocation d'une donation par ingra- « titude, etc...

« Ces objections n'ont pas été sans frapper les excellents esprits, « les hommes éminents qui attendent tant de bien du Livre foncier ; « et elles ont eu pour effet de créer chez eux quelques dissentiments « que nous trouvons, quant à nous, particulièrement intéressants. Les « uns suivent avec la plus extrême rigueur la logique de leur con- « ception, et ils arrivent à des conséquences qui me paraissent abso- « lument inadmissibles. Jugez plutôt : Je suppose que quelqu'un ait « obtenu l'immatriculation sur le Livre foncier, au moyen d'un crime : « Allez-vous décider que ce propriétaire si peu scrupuleux doit rester « définitivement propriétaire ? C'est, pourtant l'aboutissant inévitable « du Livre foncier.

« D'autres personnes ont pensé que c'était aller un peu loin, et elles « ont apporté à cette règle des modifications et des tempéraments qui « en détruisent toute la valeur. Si, en effet, vous faites la moindre

« brèche à la force probante de l'immatriculation, cette force probante « n'existe plus, *ni le livre foncier* (1).

« Si vous instituez le Livre foncier, vous aurez seulement procédé « à la réfection du cadastre, opération inutile qui vous aura coûté au « bas mot 500 millions (*Exclamations*), je dis 500 millions, et les « évaluations qui ont été faites par M. Piat en 1892 ne sont nullement « inférieures à ce chiffre.

« D'ailleurs, le but que l'on poursuit avec le Livre foncier est-il si « désirable? Je ne le pense pas. Lorsque l'immeuble sera, par une « contradiction étrange, devenu meuble (2), et que la propriété fon- « cière sera pour ainsi dire mise en actions, qui donc profitera de cette « mobilisation plus grande? Sera-ce le paysan? Non pas! Ce sera « l'agioteur. Le commerce de ces titres de propriété ne se fera point « sur la place du village, entre gens en sabots, il se fera à la ville, « à la Bourse (*Applaudissements*). Le laboureur, le paysan, ayant « moins l'espoir ou le goût de devenir propriétaires, abandonneront « leur champ et leur chaume; et la réforme aura augmenté dans une

---

1. — C'est là où est l'erreur des adversaires du Livre foncier qui confondent la force probante du Livre foncier avec le Livre foncier lui-même. Si on considère que le Livre foncier n'est qu'un livre de la comptabilité des immeubles, la force probante est une qualité ou un défaut de ce livre, suivant le point de vue auquel on se place; mais cette force probante ne constitue pas le livre à lui seul. Ce qui constitue le livre foncier d'une commune, c'est le fait d'y avoir consigné, sans exception, tous les immeubles de cette commune et d'avoir individualisé chaque immeuble en lui ouvrant un compte.

Si ce compte révèle toutes les hypothèques, ce sera un progrès évident sur l'état de choses actuel. Si ce compte donne d'une manière certaine le nom du propriétaire, il aura résolu un problème absolument différent de celui qui consiste à connaître toutes les hypothèques qui grèvent l'immeuble. On peut être d'avis d'avoir un livre faisant connaître toutes les hypothèques et reculer devant la difficulté de donner la force probante au Livre foncier.

La force probante peut être d'ailleurs facultative et le conservateur pourrait être autorisé à la donner à certaines immatriculations et à ne pas la donner à d'autres, absolument comme un marchand qui garantit certains objets et n'en garantit pas d'autres. L'important, c'est que les tiers ne soient pas trompés et ils ne le seraient pas sur l'existence de toutes les hypothèques si, comme ce serait très facile, on créait, un livre révélant sans aucune exception toutes les hypothèques qui grèvent un immeuble déterminé.

J. A.

2. — Comment un immeuble sera-t-il devenu meuble du seul fait qu'on lui aura ouvert un compte? Le compte ouvert à un immeuble est simplement un moyen de connaître l'histoire de cet immeuble. Il remplace une affiche sur l'immeuble lui-même, mais une affiche qui est à l'abri dans un bureau, qui ne peut être détruite et que n'importe quel tiers retrouvera facilement s'il connaît, soit le numéro de la parcelle cadastrale, soit le nom du propriétaire apparent, soit le nom d'un ancien propriétaire, soit seulement s'il parcourt le Livre foncier. On discute beaucoup sur les inconvénients de la publicité personnelle et sur la nécessité d'y substituer la publicité réelle. C'est même le prétexte pour demander la réfection du cadastre, comme s'il serait plus facile de trouver un immeuble avec des numéros qu'on aurait changés qu'avec les anciens numéros reproduits le plus souvent dans les origines de propriété.

Un nouveau numérotage des parcelles ne fera qu'augmenter les chances d'erreur, à moins que le Livre foncier étant créé, avant que l'on n'envoie des géomètres sur le terrain, ceux-ci ne connaissent à l'avance le numéro du compte ouvert à chaque immeuble sur le Livre foncier. J. A.

« proportion très notable la classe déjà si nombreuse des déracinés (1).
« L'agriculture en tirera-t-elle quelque avantage? Non pas, et la « Société des agriculteurs de France s'est prononcée d'une façon très « formelle contre l'adoption du Livre foncier. Les biens-fonds, passant « de main en main, ne connaîtront plus la culture réfléchie et patiente. « Les détenteurs de ces titres nouveaux, de ces « actions immobilières » « ne chercheront plus une production intensive de leur propriété, « mais seulement l'élévation des cours. Or tout le monde sait que « l'élévation des cours ne coïncide que bien rarement avec une aug- « mentation de la valeur intrinsèque des choses que ces cours repré- « sentent. »

*
* *

On pourra se rendre compte si les reproches du congrès de la propriété bâtie sont fondés en considérant que, dans le système de la commission du cadastre « l'inscription met l'acquéreur à l'abri de toute « action fondée sur un droit non inscrit ou intentée en raison d'une « clause d'un contrat non inscrit. Cette formule, disait M. Challamel à « la séance du 9 juin 1892, est générale et absolue. Non seulement les « causes de résolution qui tiennent au contrat cesseront d'être oppo- « sables aux tiers lorsqu'elles ne seront pas inscrites, mais encore, « veuillez bien le remarquer, certaines causes de nullité ou de resci- « sion tenant à l'imperfection du consentement : la nullité fondée sur « le dol ou sur la violence, la rescision pour lésion de plus du quart

1. — Il y a beaucoup d'exagération dans la crainte des inconvénients de la mobilisation. On peut spéculer sur des valeurs de bourse parce que chacune d'elles a sa valeur propre. Celui qui achète 3,000 francs de rentes à terme sait ce que vaut le cours de la rente au jour de l'acquisition. Il en est de même pour certaines denrées, telles que le blé, le sucre, le café, etc.

Il ne peut pas en être de même pour des immeubles. Le paysan qui a une obligation de chemin de fer la garde précieusement, et il n'y a pas de raison de supposer qu'il se défera plus facilement d'un morceau de papier si ce papier représente son champ. Rien ne l'obligera d'ailleurs à prendre ce papier. Il n'a jamais été question d'imposer des titres mobilisables à tous les propriétaires. Ce serait matériellement impossible.

La mobilisation de la propriété n'est pas d'ailleurs une conséquence nécessaire de la création des livres fonciers.

Le Parlement peut reculer devant les conséquences économiques et sociales de la mobilisation de la propriété. Il peut réserver ce moyen puissant de crédit pour des immeubles d'une certaine importance. La mobilisation de la propriété peut être combinée avec les principes de l'*homestead*, qui en corrigerait les inconvénients. En tout cas, ce n'est pas une raison parce que le Livre foncier peut être le prélude de la mobilisation de la propriété pour refuser les services qu'il peut rendre comme instrument de publicité.

Beaucoup de capitalistes, des commerçants notamment, feraient des placements immobiliers s'ils étaient sûrs de pouvoir, du jour au lendemain, trouver de l'argent avec un titre de propriété. N'ayant pas cette facilité, ils achètent des valeurs qu'ils peuvent, à un moment donné, mettre en dépôt dans une banque et on n'aperçoit pas pourquoi le législateur n'étudierait pas les moyens d'accorder les mêmes facilités aux propriétaires fonciers. La question mérite tout au moins d'être examinée de près et les raisons développées au Congrès de la propriété bâtie ne paraissent pas être le dernier mot sur un sujet aussi grave et aussi complexe.

J. A.

« en matière de partage, la rescision pour lésion de plus de sept douzièmes en matière de vente, etc. etc, tout cela sera inopposable aux « tiers qui n'auront pas été prévenus par une inscription ou par une « prénotation. »

C'est toute une révolution des principes du Code civil et des règles de la procédure qui se prépare, et le moindre inconvénient de ces projets, auxquels le public paraît ne prêter qu'une très médiocre attention, est de retarder la réforme si impatiemment attendue du régime hypothécaire et la péréquation de l'impôt foncier.

Quelque opinion que l'on ait sur le mérite des conceptions de la commission du cadastre, il serait à désirer qu'elle ne tardât plus trop longtemps à arrêter des résolutions définitives, susceptibles d'être soumises à l'appréciation des tribunaux, des chambres de notaires et d'avoués et aux discussions de l'opinion publique, sans l'assentiment de laquelle il ne faut pas espérer que la réforme puisse s'accomplir.

La commission du cadastre a été instituée par un décret du 30 mai 1891. La plupart de ses membres ont renoncé à en suivre les travaux, d'ailleurs absolument remarquables, et qui ont élucidé tous les points à éclaircir relativement à l'organisation de la propriété foncière. Le moment est venu de savoir s'il est utile de créer un livre foncier, si les énonciations de ce livre doivent avoir la force probante, si, avant de l'établir, il est nécessaire de refaire le plan général du cadastre, ou, enfin, s'il faut ne pas créer un document, qui ne soulèverait aucune objection si on renonçait à la force probante et à la réfection préalable du cadastre.

J'ai mis sous les yeux des lecteurs quelques-unes des pièces du procès et je serais heureux d'avoir pu contribuer à leur permettre de se faire une opinion en leur démontrant que la solution du problème présente beaucoup plus de difficultés imaginaires que de difficultés réelles et qu'il serait facile de créer, sans aucun frais, des livres fonciers capables de rendre immédiatement les services que l'on est en droit d'en attendre.

*
* *

Pour conclure, supposons ce Livre foncier créé — et il peut l'être par une simple modification de l'article 2181 du Code civil, — qu'en résultera-t-il? Chaque immeuble sera individualisé et représenté par une consignation. Une première colonne ferait connaître les propriétaires successifs apparents et le titre en vertu duquel ils possèdent ; une seconde colonne reproduirait la désignation de l'immeuble telle que les parties auraient entendu la faire et serait suivie de la référence avec le cadastre faite d'office par l'Administration, une troisième colonne contiendrait le passif de l'immeuble et dans une quatrième colonne on annoterait les radiations, réductions et suppressions d'hypothèques.

Il n'en faudrait pas davantage pour voir clair dans l'état de la propriété, sans imposer aux propriétaires les obligations résultant pour eux de l'article 9 de la loi du 17 mars 1898 auquel il leur est souvent impossible de se conformer.

Les conservateurs des hypothèques n'auraient pas plus de travail pour tenir ces livres que pour tenir les registres de transcriptions. Il y aurait seulement à annoter les matrices cadastrales du numéro du Livre foncier. Si, à cette modeste réforme, on ajoutait la publicité des actes de l'état civil et des causes d'incapacité des personnes, l'enregistrement des interdictions, des tutelles, des contrats de mariage, des divorces, des séparations de biens, etc., à la conservation des hypothèques, on aurait une agence complète de renseignements hypothécaires au chef-lieu de chaque arrondissement.

Tout cela pourrait être organisé et fonctionner sans qu'il y ait le moindre prétexte à réclamation de la part des propriétaires, des créanciers et des officiers ministériels. Les conservateurs des hypothèques auraient, pour chaque commune, un géomètre correspondant qui lèverait le plan d'une propriété *quand les parties le désireraient.* Cela arriverait, du reste, très rarement car, toutes les propriétés en France sont parfaitement connues et il n'y en aurait pas une sur dix ayant besoin d'être recadastrée.

Quand les parties le demanderaient on remplacerait leurs titres anciens par un titre ayant force probante, mais *on attendrait qu'elles le demandent pour délivrer ce titre.* Tout le monde pourrait comprendre le fonctionnement d'une pareille organisation. Ceux qui voudraient des titres en auraient et on ne voit pas pourquoi ils en imposeraient à ceux qui n'en veulent pas.

Jules Arnault,
Inspecteur de l'enregistrement.

Mayenne, Imp. Ch. COLIN. — *Spécialité de publications périodiques.*

Mayenne, Imprimerie CH. COLIN.

www.ingramcontent.com/pod-product-compliance
Ingram Content Group UK Ltd.
Pitfield, Milton Keynes, MK11 3LW, UK
UKHW020426220726
13923UKWH00005B/2124

9 782019 240752